Hallo Leben!?

Wenn am Anfang
ein Lächeln ist,
kommt es am Ende
zurück

M. Galli

G. Allerw

Mein Dank und meine Zuneigung gilt allen Menschen, die mir positive wie auch negative Erfahrungen geschenkt haben. Durch dieses Büchlein – hoffe ich – kann ich ihnen etwas dafür zurückgeben.

A. Gallix

HALLO LEBEN!?

Lyrik

Engelsdorfer Verlag

Bibliografische Information durch
Die Deutsche Bibliothek:
Die Deutsche Bibliothek verzeichnet
diese Publikation in der Deutschen
Nationalbibliografie; detaillierte
bibliografische Daten sind im Internet
über http://dnb.ddb.de abrufbar.

ISBN 3-938873-33-7

Copyright (2005) Engelsdorfer Verlag

Alle Rechte beim Autor

Hergestellt in Leipzig, Germany (EU)
www.engelsdorfer-verlag.de

(D) 9.20 Euro

Inhaltsverzeichnis

Inhaltsverzeichnis 5
Einleitung..9
Besinn dich 10
Beziehung 11
Bitte an meinen Schutzengel.............................12
Bitte gib...13
Bleib bei mir 14
Dabei sein 15
Dank an meinen Schutzengel.............................16
Dankbarkeit...17
Danke 20
Das Jahr..21
Das Leben 22
Das Leben hat Sinn 23
Das Schicksal 24
Denk nach 25
Depression 26
Der Betrug...27
Der Morgen 28
Der Nebel 29
Der Psychopath 30
Der richtige Weg..32
Der Sinn 33
Die Enttäuschung...34
Die Gedanken 35
Die mächtigen Großen 36
Die Natur...37
Die Ruhe 38
Die Sonne..39
Die Welt..40

Du	41
Du bist da für mich	42
Enttäuschung	43
Erkenntnis	44
Erleuchtung	45
Es geht mir gut	46
Frieden	47
Frust	48
Geben	49
Gedanken	50
Gedicht	51
Vergangenes	52
Gewinn	53
Glaube, Hoffnung, Liebe	54
Glück	55
Glücklich	56
Hab Vertrauen	57
Hab Zuversicht	58
Hallo Leben	59
Heiterkeit	60
Hilf mir	61
Hilflos	62
Ich habe Glück	63
Ich liebe dich	64
Ich will	65
Jeden Tag	66
Jetzt leben	67
Jubel, Trubel, Heiterkeit	68
Keine Hoffnung	69
Klarheit	70
Lass mich finden	71
Lauf der Dinge	72

Leben	73
Mein Herz	74
Mit Liebe	75
Nagel der Zeit	76
Nimm mich zu dir	77
Not	78
Oben	79
Offen reden	80
Phantasie	82
Sag es	83
Schau	84
Schau auf	85
Schau auf mich	86
Schau in dich	87
Schwermut	89
Sei ehrlich	90
Steh auf	91
Stolz bin ich	92
Streit	93
Streiten	94
Stütze mich	95
Trost	96
Vergessen	97
Verschlossen	98
Verschwiegen	99
Vertrauen	100
Viel Platz	101
Wach auf	102
Warum nicht	103
Was glaubst du?	105
Was heißt es?	106
Was ist?	107

Was tun? 108
Was wird? 109
Weinen 110
Wenn ich ein Vöglein wär 111
Wiso? 112
Zu spät? 113
Zum Geburtstag 114
Zuversicht 115

Einleitung

Lieber Leser freu dich dran,
was ein Gedicht dir sagen kann.
Es trägt Gedanken – hab den Mut,
zu sinnen was es sagen tut.

Keine Angst vor manch Gedanken,
sinne in dein Herz hinein.
Sicher kommt man mal ins Wanken,
aber dieses soll so sein.

„Rauf und runter" spricht das Leben,
dies dir deine Stärke gibt.
Solltest deshalb nie aufgeben
zu glauben, dass dich jemand liebt.

Oft du findest neue Wege,
wenn du Zeit zum Denken hast.
Nichts was dir die Welt nicht gäbe,
wenn du einmal danach fasst.

Sinnen ist der stille Weg
im Innern deine Welt zu sehn.
Zu spüren und auch zu erfahren,
das Leben das ist wunderschön.

***

Besinn dich

Sei friedlich und still,
du machst nichts verkehrt.
Es gibt viele Dinge,
die sind es nicht Wert.

Besinn dich aufs Leben,
schau stets auf dein Sein,
so kommst du viel tiefer
in dein Wesen hinein.

Streb nach dem Frieden,
vergiss deinen Groll.
Sieh tief in dein Inn'res,
das Maß ist jetzt voll.

Was für dich nicht gut ist,
lass es vorbei ziehn,
sonst musst du dich ständig
in Wünsche nur fliehn.

Steh auf und geh vorwärts,
ins Leben hinein.
Du wirst dich in Zukunft
auf Neues nun freun.

***

Beziehung

Hörst du mich nicht schrein?
Lass mich doch hinein!
Sei nicht so gemein.

Ich wäre auch gern leis,
wenn ich dann für mich weiß,
du liebtest mich ganz heiß.

Doch schmeißt es in den Dreck,
schickst mich nur noch weg,
erkenne ich kein' Zweck.

Ich seh nun ist es aus,
will nur noch hier heraus,
flücht weg von diesem Graus.

Auch wenn die Seele weint,
neu das Leben scheint.
Mein Geist sich nun vereint.

Ich bin nun drauf bedacht
und gebe sehr viel Acht –
noch mal ich's nicht gemacht.

***

Bitte an meinen Schutzengel

Es steht mir der Sinn
in dieser Zeit
nach Liebe, nach Hoffnung
und viel auch nach Freud.

Bleib bei mir, beschütz mich
und minder mein Leid,
noch ist's nicht zu spät,
wenn auch schon sehr weit.

Lass mich beginnen
in die Sonne zu sehn,
denn im Dunkel ist es traurig
und selten mal schön.

Nimm meine Seele
und halte sie fest,
es ist mein Glaube,
den du darin entdeckst.

Ich möchte dich fühlen,
ich möchte dich sehn,
drum würd ich am liebsten
zu dir hinauf gehen.

Doch bleib ich gern hier,
wenn du bei mir bist,
wenn du mich behütest
und immer beschützt.

***

Bitte gib

Ich möcht mit Vertrauen
in mein Herz hinein schauen.
Mit Klarheit möcht ich sehn,
dass das Leben ist schön.

Ist mir das nicht gegeben,
kann ich schwer danach streben
hier noch länger zu sein,
kann mich nicht mal mehr freun.

Lieber Gott gib mir Sinn,
dass erwachsen ich bin –
im Geist und in der Seel
und mich nimmermehr quäl.

***

Bleib bei mir

Hallo mein Engel – wo bist du bloß?
Brauch Trost jetzt und Liebe – was ist denn los?
Ich dachte ich würde glücklich jetzt sein,
könnt springen und tanzen, des Lebens mich freun.

Sind alte Gespenster jetzt wieder da?
Fängt's an nun von vorne, ist nichts mehr klar?
Ich brauche nun Stärke, um zu bestehn.
Verständnis und Liebe, das wäre sehr schön.

Warum kann ich nicht spüren, dass du bei mir bist?
Warum das Verlangen mich fast auffrisst?
Was hab ich getan oder tu ich nun?
Warum kann ich nicht schlafen?
Warum kann ich nicht ruhn?

Schenk mir Liebe und Frieden jeden Tag,
damit mir mein Dasein wird nicht zur Plag.
Gib Kraft mir mein Inn'res nach außen zu drehn,
dass auch andre nun in mein Herz können sehn.

Mach mich frei für die Liebe, schenk mir neuen Mut,
ich glaube an dich und es wird alles gut.
Bleib bei mir – ich bitt dich – und wach über mich.
Solang mein Schmerz dauert, vermisse ich dich.

***

Dabei sein

Nüsse knabbernd saß ich da,
als mir ein Licht erschienen war.
Ich hatte nun für mich gefunden,
dass ich ins Leben eingebunden.

Nicht wie ein Buch und nicht mit Mustern,
sondern wie ein Inhalt, der ohne Frust kann.
Sowie die Vögel - frei und munter,
pfeiffen es vom Dach herunter.

Schön ist es nun dabei zu sein,
im Leben drin und nicht allein.
Ich stelle mich nun innen ein,
frei und zufrieden jetzt zu sein.

Ich wünsche euch das selbe nun,
auf einem Kissen könnt ihr ruhn.
Mit Zuversicht und viel Vertrauen
könnt ihr in eure Zukunft schauen.

***

Dank an meinen Schutzengel

Auf zu einem neuen Leben,
auf zu einem vollen Sein.
Kann mir nur die Liebe geben -
zu dir mein Engel – die ist rein.

Immer bist du da für mich,
selten kann ich's sehn.
Doch nimmst du es mir übel nicht,
kannst mich gut verstehn.

Ich danke dir heut wieder mal,
weil du mich beschützt.
Weil du einen Sinn mir gibst,
der mir etwas nützt.

Ich dank dir, weil du bei mir bist,
so bin ich nie allein.
Auch wenn ich oftmals traurig bin,
du wirst stets bei mir sein.

Gütig bist du in deinem Wesen,
geleitest mich im Sein,
deshalb komm ich nie für immer
in dunkle Schatten rein.

***

Dankbarkeit

Dankbar will ich sein fürs Leben,
das du mir hast mitgegeben.

Dankbar für die vielen Freuden,
dankbar auch für meine Leiden.

Dankbar für die Nicht-Erfüllung,
dankbar für die Spät-Enthüllung.

Dankbar für alle Probleme der Welt,
dankbar für alles was mich hält.

Dankbar, dass ich alleine nicht bin,
dankbar für jede Erkenntnis zum Sinn.

Dankbar für all die vielen Gaben,
dankbar, dass ich daran kann laben.

Dankbar für jedes Zipperlein,
dankbar für alles, was bringt mich zum schrein.

Dankbar für die Hilfe auf meinem Weg,
dankbar für das Rauschen im Walde – es lebt!

Dankbar für der Bienen Summen,
dankbar, dass ich hören kann das Brummen.

Dankbar für den Sonnenschein,
der mich geleitet ins Leben hinein.

Dankbar für die hohen Berge,
wo wir daneben stehn wie Zwerge.

Dankbar für die Macht, die ich hier hab,
in mich zu schauen, wann immer ich kann,
wenn ich mag.

Dankbar für die vielen Möglichkeiten,
dankbar mit anderen mich zu streiten.

Dankbar für den Frieden dann,
den ich wieder gewinnen kann.

Dankbar für mein Seelenheil,
ich finde das Leben wirklich geil.

Dankbar bin ich, für das was ich seh,
was ich rieche, was ich schmecke,
wenn ich gehe, wenn ich steh.

Dankbar für jeden neuen Morgen,
dankbar für all meine Sorgen.

Dankbar für jedes große Gefühl,
dass ich es spüre, dass ich es fühl.

Dankbar für jeden Schmerz den ich hab,
dankbar für mein künftiges Grab.

Dankbar werde ich immer sein,
dankbar geh ich in die Zukunft ein.

Dankbar, weil ich so sein kann wie ich bin,
dankbar, weil ich in jedem Fall gewinn.

Dankbar, weil keine Stunde vergeht,
ohne dass sie die Zeit nicht verweht.

Dankbar, dass das Leben so ist wie es ist,
dankbar, dass es mich niemals vergisst.

Dankbar, dass du immer bei mir bist,
dankbar, dass es nach Winter wieder Sommer ist.

Dankbar für alle Zeit,
dankbar bis in Ewigkeit.

***

Danke

Danke Gott, für deine Gabe,
die ich neu von dir jetzt habe.
Schreib Gedichte immerfort,
schreibe sie von Wort zu Wort.

Somit ich dir dann danken kann,
bring Freude damit Frau und Mann
und spreche auch die Kinder an –
schreib auch Geschichten – dann und wann.

Ich möchte bringen deinen Segen,
das Glück sowie den warmen Regen,
die Freude in die Herzen rein,
der Menschen, die sonst so gemein.

Solln sehn, dass es auch anders geht,
mit Liebe alles fällt und steht.
Der Mensch, der ist für Menschen da –
du auch, das ist so wunderbar.

***

Das Jahr

Es schneit, es schneit – oh wunderbar,
deckt zu das ganze Jahr – was war.

Der Schnee nimmt's auf und schmilzt es fort,
trägt's hin an einem anderen Ort.

Im Frühling neu beginnen kann,
dass alles fängt vone an.

Am Ende dieses Jahres dann,
schneit's alles zu - das was es kann.

Dann wieder kannst du neu beginnen,
dich auf ein neues Jahr besinnen.

***

Das Leben

Ein neuer Tag voll Zuversicht,
der uns ein gutes Los verspricht,
wenn wir erkennen Glück und Freud
im Jetzt und in der Ewigkeit.

Das Leben schenkt uns Glück und Leid,
es gibt uns Freud und auch den Neid.
Wir leben oft im Gegensatz
und oft scheint alles für die Katz.

Doch hat es Sinn, das glaub ich nun,
horch in mich rein und lass es ruhn.
Das Leben geht oft lange Wege,
doch zeigt's sich immer wieder rege.

Das Wechselspiel bringt den Elan,
Gelassenheit auch dann und wann.
Auch Übles, das hat seinen Sinn,
es lehrt uns viel und bingt Gewinn.

Weisheit ist ein großes Ziel,
das die Erfahrung bringen will.
Und ist es auch nicht immer leicht,
glückseelig ist, wer das erreicht.

***

Das Leben hat Sinn

Es scheint, dass du alleine bist
mit allen deinen Sorgen.
Es scheint, dass du etwas vermisst,
fühlst dich nicht mehr geborgen.

Ich möcht dir gern 'ne Hilfe sein
in deinem trüben Licht.
Ich sehe du bist so allein,
auch wenn es so nicht ist.

Versuche wieder aufzustehn,
die Hände reich ich dir.
Dein Kummer, der wird dir vergehn,
das sag ich jetzt und hier.

Der Welt steht vor 'ne große Macht,
die stets behütet dich.
Es gibt nur was geschehen soll
und anders ist es nicht.

Sieh deinen Weg als Weisung an,
die dir ist auferlegt.
Das Leben hat viel Sinn – oh Mann
und alles sich bewegt.

Wie gut, dass es viel Schönes gibt
auf dieser großen Welt.
Die Liebe davon eines ist,
was dich zusammen hält.

***

Das Schicksal

Ich höre Musik, lehn mich an,
ich denke nach und sehe dann
die Leichtigkeit des Menschen Seins
und ist es auch nicht immer meins.

Wie gern möcht ich es immer sehn,
des Lebens Frohsinn ist so schön
und immer möcht ich stimmen ein
im Kreis der Glücklichen zu sein.

Nun kommt's oft anders als man denkt,
das Schicksal oft die Wege lenkt.
Nicht immer trifft das Glück gleich ein,
dann ist es so – dann soll's so sein.

Trotz aller Last kannst du dich freun,
musst dennoch nicht alleine sein.
Es gibt viel Menschen um dich rum,
nimm Hilfe an und sei nicht dumm.

Des Schicksals Schläge treffen dich,
doch schau nur auf, das sage ich.
Dein Leben bleibt noch lang bestehn,
es will mit dir noch weiter gehen.

***

Denk nach

Gäb's kein Hin und kein Her,
wär das Leben nicht leer?

Du würdest nicht sehn deine Freuden,
erkennen kein Leid.

Der Gleichmut würd dich fressen –
du hätt'st dein Leben nie besessen.

***

Depression

Es steht mir der Sinn
nach einem eigenen Haus,
das groß ist und dunkel,
niemand geht rein – keiner kommt raus.

Ich will mich verkriechen,
ganz klein wie 'ne Maus.
Lasst mich bloß in Ruhe,
ich komm nicht mehr raus.

Bin nur auf der Lauer
und wart es kaum ab,
bis ich steig hinunter
in mein eigenes Grab.

Gern möchte ich gehen
aus dieser Welt,
weil beim besten Willen
mich nichts mehr hier hält.

Doch gönn ich euch nicht
auf mein Leid zu gaffen –
ich bin längst gestorben,
denn ich wollt's lieber lassen.

***

Der Betrug

Mein Herz ist traurig,
die Enttäuschung bohrt.
Wohin kann ich flüchten?
Wo liegt dieser Ort?

Die Schmach, die ich fühle,
ist bitter und kalt.
Ich spür meinen Mut nicht
und fühle mich alt.

Ich möchte nun gehn,
verlassen diese Welt,
weil mein Elend mich auffrisst,
mich nichts mehr fest hält.

Die Verzweiflung, die wütet
in meinem Innern umher.
Der Betrug macht sich breit,
alles fällt nur noch schwer.

Und Gedanken, sie kreisen
um die Tiefen dieser Welt.
Die Gefühle vereisen
und die Liebe, die fällt.

Sie fällt hinab in ein Dunkel,
sieht sich nimmermehr raus.
Und so wird es geschehen,
das Vertrauen bleibt aus.

***

Der Morgen

Der Morgen ist schön
und ich fühl mich nicht bang.
Der Tag ist noch jung
und das Leben noch lang.

Die Vögel, sie zwitschern.
Die Sonne ist warm.
Sie scheint durch mein Fenster,
hinauf auf den Arm.

Ich liege so da
und genieß diesen Ort.
Es ist mein Zuhause,
es zieht mich nicht fort.

Der Wind, der weht leise
so vor sich hin,
begleitet den Tag
in den neuen Beginn.

***

Der Nebel

Trüb ist der Nebel, verschleiert die Welt,
die Zeit die verrinnt und nichts sie anhält.
Ich seh nicht dahinter und nichts ist mir klar,
weiß nicht mehr wie meine Welt zuvor war.

Mit Glaube und Hoffnung muss ich es probiern,
mich nicht in den schlechten Gedanken verliern.
Mich aufrichten – sehn, wie schön ist die Welt,
denn ein Nebel nicht hält, der verschleiert die Welt.

Nebel darf sein – es wohnt ein Zauber darin,
mit freudiger Spannung steh ich mitten drin.
Wart ab bis ich sehn kann – was ist dahinter.
Es gibt danach sicher nicht nur Winter.

Wenn auch – es darf sein, ich freu mich darauf.
Nach Winter folgt Sommer, das ist so der Lauf.
Ich bin ganz sicher, auch wenn der Nebel es trübt,
dass es dahinter meist Sonnenschein gibt.

***

Der Psychopath

Er kann es kaum glauben
und hält es kaum aus,
fühlt sich unrecht behandelt
und rennt einfach raus.

In der Brust fühlt er Schmerzen,
im Kopf alles saust,
steigt er ein in sein Fahrzeug
und von dannen er braust.

In Gedanken er wütet –
rafft sie alle dahin.
Wie hat das begonnen,
wo liegt da der Sinn?

Eine Klarheit will er finden,
wo immer die auch ist.
Der Wahrheit sich entbinden,
seine Seele die frisst.

Im wütenden Tosen
sein Ärger noch steigt,
will sich nur noch austoben –
egal, wem er es zeigt.

Sucht ein Opfer, um zu zwingen
seinen Willen ihm auf.
Möcht seine Wut nun anbringen,
gibt dem Ding seinen Lauf.

Streit und Zorn wachsen weiter,
denn er gibt es nicht auf.
Statt zu denken und zu handeln,
handelt er und haut drauf.

Schaut nicht gern in den Spiegel,
kann nicht sehn sein Gesicht.
Was heißt Frieden und Freiheit,
das weiß dieser Mensch nicht.

***

Der richtige Weg

Die Wege sind oft schwer und man weiß nicht wohin,
welchen sollte man gehn, welcher gibt einen Sinn?
Man bemerkt es bald, die Wege sind's nicht,
denn gehn kann man alle, wenn's auch keine Pflicht.

Das Stück eines Weges ist's allemal.
Was es auch bringt, ist zwar nicht egal,
doch hat es Sinn einen Weg zu gehn,
nimmst du denn keinen, ist dein Leben nicht schön.

Hängst du in der Tür, den Fuß dazwischen,
musst ständig dir den Schweiß abwischen,
vor Angst, vor Gram, vor Elend und Scham,
du wirst dir denken, die Leut schaun dich an.

Nimm einen Weg – entscheide dich,
denn nie wird er falsch sein - vertrau auf dich.
Du wirst dabei sehn – egal wie es ist -
der richtige Weg ist, dass unterwegs du bist.

***

Der Sinn

In guten wie in schlechten Tagen
sollst du nach dem Sinn dich fragen.
Kannst du keinen mehr erkennen,
solltest du dem Glück nachrennen.

Rennst du nicht, find'st keinen Sinn,
ist dein Leben bald dahin.
Ganz zu schweigen von dem Rest,
den du dann nicht gern mehr leben möchst.

Drum denke stets mit Achtsamkeit
an dein Leben – sei bereit
den Sinn zu kennen in dieser Zeit,
das Leben dich dann mehr erfreut.

Zum Sinn die Hoffnung nimm dazu,
dann leg dich hin in aller Ruh.
Mit Zuversicht kannst du dann sehn,
dein Leben wird gut weitergehn.

***

Die Enttäuschung

Die Enttäuschung ist ein leeres Blatt,
das sich nicht füllen will.
Man weiß nicht, was man denken soll
und fühlt sich klein und still.

Im Brustkorb schlägt ein schweres Herz,
entzunden und verlorn.
Im Kopf kreist Leere und auch Schmerz,
im Magen spürst du Zorn.

Die Eingeweide kräuseln sich,
es wird dir richtig schlecht.
Du einfach nicht mehr glauben willst –
Gefühle – ist das echt?

Du spürst im Innern etwas sterben
und Trauer macht sich breit.
Dein Leben, denkst du, liegt in Scherben,
zum Gehen ist jetzt Zeit.

So schleppt sich deine Seele hin,
die Schwermut dich ergreift.
Kannst dich nicht wehren, siehst kein Sinn,
dein Mut ist jetzt verreist.

Selbst wenn er einmal wiederkehrt,
du doch niemals vergisst,
enttäuscht zu sein ist ein Gefühl,
das deine Kraft zerfrisst.

Die Energie rinnt dir davon
und nichts mehr übrig bleibt.
Und das, was du bewundert hast,
ist jetzt Vergangenheit.

***

Die Gedanken

Deine Gedanken – wo schweben sie hin?
Sind sie verloren – gibt's einen Sinn?
Du kannst sie nicht greifen, nicht sperren sie ein.
Doch musst du begreifen – Gedanken sind dein.

Kein andrer kann fühlen, was in dir entsteht,
was in deiner Seele so brodelt und geht.
Du musst wohl lernen auch offen zu sein,
im Leben zu stehen, dann bist du daheim.

Willst du das Verstehen von einem Freund,
musst du zu ihm gehen, weil euch das auch eint.
Reden mit Worten von deinem Begehr,
damit er verstehn kann – nur dann kommt er her.

Es wird dich befreien, gegangen zu sein,
dem Freund zu begegnen – so Freundschaft ist dein.
Und deine Gedanken, die gibst du jetzt her,
sprich mit deinem Freunde – sie plagen nicht mehr.

***

Die mächtigen Großen

Das Schicksal der Großen ist stark zu sein.
Sie traun sich nicht zeigen, wenn sie sind klein.
Die Angst frisst sie auf – wenn wer was entdeckt -
und völlig entblößt sind sie dann verschreckt.

So breiten sie aus ihre Schultern dann
und blähn sich groß auf, dass man sehen kann.
Das mächtige Bild ihrer Größe dann
noch jeden erschreckt, der will an sie ran.

Unnahbar, allein stehn sie dann im Raum,
die Großen der Macht und man glaubt es kaum.
Die Angst frisst sie auf, sie sind ganz allein.
Ihr Elend ist einsam – in ihnen daheim.

Die einzige Hoffnung, die für sie besteht -
von nun an zu leben in Demut – das geht!
Sie werden dann frei von der Arroganz
viel besser zu sein als der kleine Franz.

Von nun an sie nicht mehr alleine sind.
Der nächste Mensch sich dann wieder find,
der gleich ist und Freund - auch in schwerer Zeit,
der sich nicht entfernt aus des Mächtigen Leid.

***

Die Natur

Jede Blume – sie welkt, so schön sie auch ist
und nach dem Frühling sie jeder vergisst.
Doch ist sie dann fort, wie schnell sehnt man dann
ein Meer voller Blumen, man's anfassen kann.

Des Meeres Rauschen klingt wunderschön,
passiert doch ein Unglück, möchts niemand mehr sehn.
Was würde passieren, wenn das Meer nicht wär?
Würd es uns dann noch geben oder wär es hier leer?

Ein bebender Wind kein zarter ist,
bringt oft auch Unheil, was man nicht vergisst.
Der leise Wind frische Briese bringt,
das Leben verteilt, über die Welt er eilt.

Auf unsre Welt eine Sonne scheint,
die Nacht sie behütet, der Regen sie beweint.
Der Wind macht sie fruchtbar, trägt die Samen fort,
so der Mensch findet Platz hier, an jedem Ort.

Schau auf die Natur, sie ist unser Heil,
wenn sie einmal fehlt, gibt es kein Verweil.
Sie ist unser Leben, sie birgt unser Sein,
drum findet euch alle als ihre Wächter ein.

***

Die Ruhe

Bist du im Innern regungslos,
weißt du nicht mehr wohin?
Setz dich in einen großen Stuhl
und nimm viel Zeit mit hin.

Besinne dich und sei ganz still,
schweige vor dich hin.
Blick weit hinaus zur Ferne dann
und Einsicht so gewinn.

Dein Geist geht nun auf Reisen dann
und bald wirst du verstehn.
Wonach gesucht, liegt auf der Hand,
vom Stuhl kannst du aufstehn.

Immer wenn du Zweifel hast,
kannst gar nichts mehr verstehn,
dann such die Ruhe mit Bedacht,
dein Ziel wirst du dann sehn.

***

Die Sonne

Die Sonn' geht hintern Horizont,
strahlt Farben in die Welt.
Bevor es nun ganz dunkel wird,
sie uns das Herz erhellt.

Schau – morgen früh ist sie dann da,
bevor du munter wirst.
Zeigt sich am Himmel – wunderbar.
Kein Kunstwerk besser wirkt.

Die Sonne unser Leben ist,
das Weltall unser Trost.
Am Himmel du sie oft vermisst,
wenn ein Gewitter tost.

Doch auch die Stürme brausen fort
und schon sie wieder scheint.
Schenkt Wärme und gibt Trost dem dann,
der die Welt beweint.

***

Die Welt

Licht geh auf und scheine ihr,
spricht der große Berg zu mir,
leuchte dieser schönen Welt,
die das Leben uns erhält.

Sie sorgt für uns, für unser Sein,
ernährt und kleidet sich neu ein,
im Frühjahr mit der Blumen Pracht,
den Sommer uns danach gebracht.

Im Herbst sie Ihre Früchte trägt,
im Winterkleid sie uns einlädt,
ein Teil von dieser Welt zu sein
und immer sich auf Neues freun.

Unsere Welt – und da verlasst euch drauf –
ist immer da und nimmt uns auf.
Mit allen Fehlern die wir haben,
lädt sie uns ein und schenkt uns Gaben.

Habt Acht auf sie und gebt ihr Schutz -
vor allem vor der Menschen Schmutz!

***

Du

Du hilfst uns nicht – denkst nicht daran.
Ich kann es nur so sehn.
Du bist nicht ehrlich zu dir und mir,
lässt keinen von uns gehn.

Die Schmerzen tun uns beiden weh,
denkst du darüber nach?
Hast du denn mit uns kein Einsehn,
mit unsrer Seele Schmach?

Von Herzen liebst uns – glaubst nur du.
Weißt nicht wen du nimmst.
Dies lässt mich nun nicht mehr in Ruh,
ich glaube, dass du spinnst.

Vielleicht gehn dir erst Lichter auf,
wenn es zu spät mal ist.
Verzeihen kann man – vergessen nicht,
wenn nur Vernunft noch spricht.

***

Du bist da für mich

Seh ich in den Sonnenschein,
hol ich mir das Glück herein.
Blicke ich zum Mond,
verweil ich dort – das lohnt.

Schau ich nach meinem Stern,
so steht er dort sehr fern.
Geh ich nach meinen Sinnen,
blicke ich nach innen.

Innen da erreich ich dich –
mein Engel du bist da für mich.
Ich danke dir für all die Zeit,
in der mich sehr mein Leben freut.

Beschütze mich auf meinen Pfaden
und lass mich an der Schönheit laben.

***

Enttäuschung

Du hast mich betrogen
und hast mich belogen.
So steh ich nun da,
jetzt ist es mir klar.

Doch die Wunde wird heilen,
der Schmerz wird vergehn.
Doch ich kann nicht verweilen,
dich nimmermehr sehn.

Verzeih meine Schwäche,
ich kann nichts dafür.
Ich weine nun Bäche
und will nichts mehr hier.

Der Mond wird mich trösten,
die Sonne dazu.
Die Sterne mir leuchten,
so find ich dann Ruh.

Ich hoffe, du findest,
was du immer auch suchst.
Den Frieden, die Freiheit –
im Glück du nun ruhst.

***

Erkenntnis

Ich lebe mein Leben so hin und her,
frag mich nach dem Sinn –
machmal kann ich nicht mehr.
Ich möchte gern glauben, dass es ihn gibt,
dass im Himmel Gott wohnt und dass er mich liebt.

Noch während ich zweifle, da merk ich schon,
das Leben meint's gut, ich bekomm einen Lohn.
Ein Geschenk für die Mühe und Plag die ich hab,
dass ich trotz alledem noch nicht bin verzagt.

Das Geschenk der Erkenntnis,
dass das Leben sich lohnt,
dass der Sinn in den Dingen, die kommen drin wohnt.
Der Strom der Erfahrung, wie ein Fluss zieht die Bahn,
er läuft immer weiter und hält nirgends an.

Das Leben bewegt sich so immerfort.
Die Zeit, sie zieht weiter von Ort zu Ort.
Die Dinge die bleiben sind unser Gewinn,
so können wir schreiben, weises über den Sinn.

***

Erleuchtung

Lange hab ich nachgedacht,
lange nichts gesehn,
bis es plötzlich in der Nacht,
war um mich geschehn.

Erleuchtung kam ganz fürchterlich,
macht mir sehr viel aus.
Umsetzung da – noch zweifle ich,
wird's ein großer Graus?

Was kann im Leben ich verliern,
die Achtung, das Gefühl?
Was hilft es denn zu spekuliern,
krieg ich nicht was ich will?

Mein Glaube guter Hoffnung ist,
dass es schon alles wird,
weil immer du doch auch da bist,
du bist mein guter Hirt.

Behütest mich auch jeden Tag,
kein Zweifel dran besteht.
Bist da für mich auch nach dem Grab -
wenn sich auch alles dreht.

***

Es geht mir gut

Es geht mir gut – ich hab wieder Mut,
kann wieder sehn – es wird weitergehn.

Es scheint die Sonne, es leuchtet der Stern.
Ich liebe die Welt und habe mich gern.

Es ist mein Glück und die Freude im Leben.
Es ist mein Hoffen und auch mein Bestreben.

Es ist der Eifer noch vieles zu tun,
zu sehn die Liebe – in Frieden zu ruhn.

Es ist ein Erleben, zu sehn meine Glut,
ich kann mich erheben – es geht mir gut!

***

Frieden

Meinen Blick möcht ich auf alles Schöne richten,
über Schlechtes will ich nicht mehr dichten.
Nach der Sonne werd ich in Zukunft schaun,
an mich glauben und auf Gott vertraun.

Achtsam von jetzt an will ich sein,
mein Universum soll mich immer freun.
Liebe will ich in mein Leben lassen,
kein andres Wesen werd ich nunmehr hassen.

Den Frieden in meiner Seele werd ich erleben,
von meiner Kraft dazu will ich euch geben.
Mein Schicksal werd ich von nun an lenken,
die Freude wird mir mein Leben schenken.

Der Natur werd ich ewig danken,
die Berge so schön in den Himmel ranken.
Ich steige hinauf und sehe hier,
die Welt liegt nun zu Füßen mir.

***

Frust

Das Gegenteil von Lust
ist der tiefere Frust.

Man kann nicht dran denken
dem andern ein Lächeln zu schenken.

Man kann sich nicht freun,
sondern alles bereun.

Die schönsten Stunden
sind nur wie erfunden.

Die größte Lust
ist da nur der Frust.

***

Geben

Zeit kann ich dir schenken,
dein Schicksal musst du selber lenken.

Liebe kann ich dir geben,
nach Erfüllung musst du selber streben.

Die Hoffnung ist immer da,
die Rettung liegt auch meist nah.

Viel Sonnenschein wünsch ich deinem Herzen,
dass schnell vergehn, deine tiefen Schmerzen.

Gewinn aus deinem ganzen Leben,
kann nur ein tieferer Sinn dir geben.

Viel Weisheit wird dir auch zuteil,
das führt zu deinem Seelenheil.

Dein Platz, der wird dir sicher sein –
ich lass dich in mein Herz hinein.

***

Gedanken

Ich sammle Gedanken, vom Weg und vom Sein,
ich hoffe die Stimmen im Herz treffen ein.

Ich möchte gern wachsen in diese Welt,
möchte sinnen und sehn, was mich darin hält.

Sind's andere Menschen, ist's das was ich seh,
ist's das was ich höre und wohin ich geh?

Ist es der Glanz der Lichter dieser Welt,
ist es das Dunkel, das viel Angst in sich hält?

Kann ich verstehn, am Morgen dann,
was am Abend des letzten Tages verrann?

Verzweifelnde Menschen, nehm ich es wahr?
Erkenn ich im Hellen auch die Gefahr?

Hab Sinn für das Schöne und auch das Licht,
vergess ich dabei manche Sehnsucht nicht?

Verlier ich den Himmel nicht in der Nacht,
wer außer Gott, hat noch große Macht?

Ein Stern – wacht er stets über mich,
find ich meine Ruhe am Ende – sprich?

Kann ich dann gehn und fürcht mich nicht,
muss ich wem sehn ins Angesicht?

Hab ich gelebt, dass ich vertreten kann,
was immer geschehn ist – kann ich es schaun an?

***

Gedicht

Ich dichte und dichte
für dich eine schöne Geschichte,
die sich auch reimt, in sich geeint,
in sich ganz stimmig, von Herzen und innig.

Ich möchte dir sagen
und möchte dich fragen,
wie du es siehst
und ob du es liebst.

Ich möchte dir geben,
das ist mein Bestreben.
Meine Freude es wär,
ich schenk dir noch mehr.

Es kommt ganz von Herzen,
ich möchte nicht scherzen.
Ich kann es schon sehn,
es wird wunderschön.

***

Vergangenes

Es geht mir gut, hab keinen Grund,
dass ich verwechsle den Tag mit der Stund.
Ich kenn mich aus und sehne mich,
ich will hier raus und dehne mich
nach allen Seiten, so ich kann
und blicke mich auch selber an.

Was ist es nur, was mich bedrückt,
war ich nicht gestern erst entzückt?
Mein Leben schien mir sonnenklar,
obwohl sonst damals nichts gut war.
Ich dachte wohl ich wäre drüber,
doch merk ich jetzt, ich schiel dort rüber.

Vergangenes wird jetzt lebendig
und Tod und Trauer sind nun ständig.
Verzweifeln tu ich – hilf mir Gott,
schenk Zuversicht in meiner Not.
Zeig Leben mir, dass ich sodann
die neuen Ziele finden kann.

***

Gewinn

Mir steht der Sinn
nach einem großen Gewinn -
in diesem Leben -
wer wird ihn mir geben?

Ich schaue hier, ich schau da.
Wo ist er? Er ist noch nicht nah.

Ich kann ihn nicht sehn
und will nicht verstehn –
dabei brauch ich die Augen
nur nach innen verdrehn.

Es liegt an jedem zu gewinnen,
sein eigenes Herz, danach zu sinnen -
und in sich - tief innen,
den Frieden zu beginnen.

Es ist nicht so schwer
sich gewinnen zu sehn,
man muss nur die Augen
nach innen verdrehn.

***

Glaube, Hoffnung, Liebe

Meine Liebe will ich geben -
jetzt bin ich bereit dafür.
Meine Liebe kann ich leben -
ich dank dem lieben Gott dafür.

Mit der Hoffnung will ich leben,
dass es immer weiter geht.
Mit dem Frieden will ich sterben,
dass die Hoffnung fort besteht.

In dem Glauben will ich bleiben,
dass die Welt nicht böse ist.
Mit dem Glauben will ich gehen,
bis mein Weg zu Ende ist.

Wünsch dies alles stets zu finden,
alle Menschen solln's verstehn.
Auch wenn es versteckt ganz hinten,
in den Köpfen kaum zu sehn.

***

Glück

So wie du mich geschaffen hast,
so lieg ich vor dir da.
Die Sonne scheint mir auf den Bauch,
der Himmel ist ganz klar.

Danken will ich für mein Glück,
dass ich noch immer bin.
Kann leben und kann lachen nun,
erkenne einen Sinn.

Gern möcht ich schenken anderen
von meiner großen Freud,
so dass sie sich vermehren kann
und stetig sich erneut.

Ich hoffe auf ein langes Glück,
auf das ich schauen kann,
wenn ich mal später kehr zurück
in deinen starken Arm.

***

Glücklich

Jeder Tag ist uns geschenkt,
was auch immer ihr da denkt.
Jeder Morgen neu gefunden,
bist ins Leben eingebunden.

Hast jeden Tag `ne neue Chance,
das Glück, das liegt auch auf der Straße.
Du musst nur hinschaun immerfort,
begegnet's dir im Wald – im Ort.

Entdecke es im Sonnenschein
und lass es in dein Herz hinein.
Strahlst dann von innen - du wirst sehn,
die Menschen werden zu dir gehn.

Es zieht sie an, dein Glücklichsein,
sie bitten dich zu ihnen rein.
Hast Freunde dann –
du wirst nie mehr alleine sein.

***

Hab Vertrauen

Hab Vertrauen in dein Leben.
Hab Vertrauen in dein Sein.
Alles wird dir dann gegeben,
ist dir deine Seele rein.

Lebst du offen, fühlst du Stärke,
kann dich nichts erschüttern dann.
Auch wenn manchmal sich ein Schmerz regt,
zieht dein Glaube Gutes an.

Glaube an die Zuversicht,
sie lässt dich nicht allein
und sollten alle Dinge dir
in Klarheit noch nicht sein.

Wenn Trauer dir im Herzen liegt,
so nimm auch diese an.
Verzweifle nicht, schau in die Welt,
auch Traurigkeit nicht ewig hält.

Vertrauen schenkt Gewissheit dir,
dass jemand an dich denkt.
Du niemals ganz alleine bist,
dein Schicksal wird gelenkt.

***

Hab Zuversicht

Mein lieber Freund, ich sage hier,
ich möchte gerne helfen dir.
Helfen dir im Lebenstief,
wo alles dir scheint trüb und schief.

Die Ängste viel zu groß dir sind,
du möchtest weinen wie ein Kind.
Doch kannst du nicht, du bist ein Mann,
der seinen Mann nur stehen kann.

Sieh dich doch einmal rund herum
bei deinen besten Freunden um.
Sie suchen nach der Zuversicht,
selbst wenn die ganze Welt zerbricht.

Versuch es ihnen gleich zu tun,
versuch es doch - in dir zu ruhn.
Eingebung kommt zur rechten Zeit,
wenn auch der Rest der Welt bereit.

Vertrau nur auf dein innres Licht,
auch wenn dein Ziel nicht nahe ist.
Es kommt zu dir, du wirst es sehn,
musst immer mit der Hoffnung gehen.

Denn alles kommt zur rechten Zeit,
das Trübsal und die Heiterkeit,
der Mut und das Alleine-Sein.
Die Welt ist da, du bist daheim.

***

Hallo Leben

Hallo mein Leben, ich spreche mit dir.
Hast du ein bisschen Zeit – jetzt und hier?

Kannst du mir sagen, wo ich jetzt steh?
Kannst du schon wissen, wohin ich mal geh?

Ich möchte so vieles Gute tun,
möchte nicht nur in mir selber ruhn.

Hast du `nen Vorschlag für mich bereit,
dass mich allzeit das Leben freut?

Kannst du mir sagen, was soll ich tun?
Soll ich nun wachen oder ruhn?

Schwer ist es allzeit bereit zu sein,
fühle mich innen noch viel zu klein.

Gern möcht ich um vieles größer sein. –
Für dieses Ziel lass ich mich auf dich ein.

***

Heiterkeit

In meiner Heiterkeit
sehr mich mein Leben freut.

Wenn ich dann traurig bin,
sehe ich keinen Sinn.

Doch auch der ist gegeben,
in diesem langen Leben.

Ohne Sinn kann keiner sein –
schau nur in deine Seele rein.

Kannst du ihn auch dort nicht sehn,
so ist's nur der Nebel, der wird vergehn.

-

Schau! Das Leben ist schön.
Traurige Tage können entstehn,
doch werden sie auch wieder weiterziehn.

***

Hilf mir

Oh lieber Gott, ich habe Schmerzen.
Es sticht so tief in meinem Herzen.
So hilf mir doch, es ist so arg,
so ich nun nicht mehr weiter mag.

Zeig mir den Weg, den ich jetzt geh,
bleib ich nun da und steh und steh?
Oder soll ich gehn ins Ungewiss,
wo alles dann zu Ende ist?

Ich wollte gern ein Zeichen sehn
und nicht mehr so allein da stehn.
Ich heule nur und kann nicht weit,
hilf du mir Gott, ich bin bereit.

Jetzt neue Wege zu probiern,
da hilft nicht nur das bloß Studiern.
Handeln muss ich jetzt und hier,
ich glaube, das kann helfen mir.

Oh Unglück – geh und lass mich los,
ich möchte nur noch schlafen bloß.
Möcht nicht mehr so alleine sein
im Zweifel – es ist nur zum schrein.

Ich bitte dich nun, steh mir bei,
das andre ist mir einerlei.
Halt zu mir in der großen Not,
ich bitte dich – oh großer Gott.

***

Hilflos

Viel hab ich erwartet,
vieles ich erfind.
Jetzt bin ich ganz entartet,
mich nicht mehr wieder find.

Ich kann mir nicht mehr helfen
und groß ist meine Not.
Wer mir jetzt nur kann beistehn,
das ist der liebe Gott.

Ich brauche seine Hilfe,
bin wie ein kleines Kind.
Verloren meine Eltern,
verlassen ich mich find.

Er schickt mir einen Engel
in meiner großen Not.
Ich bin nicht mehr verzweifelt,
ich danke dir, oh Gott.

***

Ich habe Glück

Ich habe Glück auf dieser Welt,
obwohl es mir noch fehlt am Geld.
Umsonst gibt es den Sonnenschein,
die Blumen, die mich sehr erfreun.

Es gibt Menschen, die ich mag,
viel Schönes jeden neuen Tag.
Viel Liebe gibt es um mich rum,
muss schauen nur mich immer um.

Mit Leichtigkeit und frohem Sinn,
schwebe ich im Leben hin.
In Freude leb ich meinen Tag,
im Frieden ich verweilen mag.

Komm zu mir her, ich schenke dir
ein Leben voller Glück mit mir.
Voll Heiterkeit und Zuversicht,
die Welt dann immer zu dir spricht.

Halt fest am Leben, hab nur Mut,
wenn's Mühe gibt, ist das auch gut.
Nach Regen kommt der Sonne Schein
und wieder stellt sich Neues ein.

***

Ich liebe dich

Ich liebe dich oh Wunder,
mit deiner ganzen Pracht,
schenkst Leben mir und gibst mir
dazu noch sehr viel Macht.

Macht, die ich dann nutzen kann
für ein schönes Sein.
Macht, die ich missbrauchen könnt,
das wäre sehr gemein.

Alles gibst mir in die Hand,
Vertrauen schenkst du mir,
das ich immer achten will,
Gott ich danke dir.

Ich schaue auf auf dein Gebot,
Mensch sein - jetzt und hier -
und selbst in meiner größten Not,
immer hilfst du mir.

***

Ich will

Ein neues Leben will ich – ich will bestehn.
All meine Schmerzen sollen für immer vergehn.

Ich will nicht mehr leiden – jeden Tag.
Ich will anders denken – ich mir sag.

Hab nur Mut im Leben – Schmerz vergeht.
Lass die Liebe kommen – sie besteht.

***

Jeden Tag

Jeden Tag ein Gedicht,
bringt der Seele viel Licht.
Gibt dir neuen Mut
und tut richtig gut!

***

Jetzt leben

Jetzt geht das Leben richtig los,
das finde ich ja ganz famos.
Danach hab ich ja lang gespäht,
dass sich der Himmel für mich dreht.

Die neue Freude spielt sich ein,
muss nicht mehr so alleine sein.
Das Glück erleb ich wie im Traum,
kann fröhlich in die Zukunft schaun.

Ich wünsche euch dasselbe nun,
dass eure Seelen in Frieden ruhn.
Wenn ihr einst geht - viel später dann -
jeder Gutes von euch sagen kann.

Zufriedenheit und Glück und Freiheit,
die Freude, die euch immer treu bleibt
und das zu eurer Lebenszeit,
damit das Leben am End nicht reut.

***

Jubel, Trubel, Heiterkeit

Jubel, Trubel, Heiterkeit,
mich immer sehr mein Leben freut.
Auch wenn es Übel und Tränen gibt,
mich stets mein Schicksal wohl geliebt.

Viel Dunkel hab ich schon gesehn,
fast wär ich dran gestorben,
doch sollte es wohl nicht geschehn,
umsonst warn alle Sorgen.

Ich üb mich in Gelassenheit
und schau das Leben an.
Was hab ich alles schon gesehn,
doch Schlechtes mir nicht kann.

Mein guter Stern wacht über mich,
bereitet mir viel Freud.
Und weine viele Tränen ich,
so tut es mir nicht leid.

Die Engel stehen über mir
und werden mich bewachen.
Und geh ich raus vor meine Tür,
kann gar nichts mir was machen.

***

Keine Hoffnung

Ich wein in mein Kissen,
es fällt mir so schwer.
Du bist so weit weg
und du kommst nicht mehr her.

Es scheint, dass es aus ist
und es gibt keinen Weg.
Unsre ganze Vertrautheit -
ist sie plötzlich weg?

Wir sind gute Freunde
und haben uns gern,
doch will ich von dir Liebe,
dann hältst du dich fern.

Soll ich still sein und warten
oder muss ich einsehn?
Zärtlichkeit die vorbei ist,
wird nicht mehr entstehn.

Du kannst es nicht spüren,
wie traurig ich bin.
Trotz all meiner Liebe,
meine Hoffnung geht hin.

***

Klarheit

Wenn du dein Leben beschreiben musst,
was spürst du da?
Verlangen und Lust
oder Bangen und Frust?

Bei Lust und Verlagen,
da kann man nicht bangen.
Man fühlt sich frei und ist ganz gefangen
von schönen Gefühlen und schlingenden Armen.

Kommt Frust oder Bangen,
so ist ganz verhangen
der Himmel, die Sicht –
ja es scheint fast, als lebest du nicht.

Wie fühlst du dich an,
was spürst du da?
Kannst du es nicht sagen,
dann werde dir klar.

Denn Klarheit ist ein großes Stück,
sie führt dich hinein
in ein neues Glück.

***

Lass mich finden

Ich möchte gern schweben,
mich im Innern erleben.
Ich möchte mich freun,
um ganz ich zu sein.

Bitte hilf mir dabei
und mache mich frei,
für ein neues Erleben
würd ich alles geben.

Die Welt, wie sie ist,
sie soll nur so sein,
doch möchte ich lernen
mich daran zu freun.

Drum lasse mich finden
einen neuen Sinn,
damit am Ende
ich selber ICH bin.

***

Lauf der Dinge

Ich schleich mich fort an einem Ort,
versteh ich nicht mehr euer Wort.
Kann nicht eindringen Falsches dann
in mein Gemüt, in euren Bann.

Verstehe meine Worte nur,
von Hast gibt es da keine Spur.
Die Sinne ich so schärfen kann,
das schenkt mir Freiheit dann und wann.

Den Frieden spür ich da im Innern,
kann mich an manche Zeit erinnern.
Das Leben hart, die Seele schwer,
doch alles das gilt jetzt nichts mehr.

Jetzt gibt es nur noch Hoffnungsschimmer,
für meine Zukunft - jetzt und immer.
Wird's auch mal schwer, es bleibt nie so,
werd ich auch leben anderswo.

Mein Haus ist hier in meinem Herz,
bestehen kann er nicht – kein Schmerz.
Ich sehe in das Weltall auf,
die Dinge nehmen ihren Lauf.

Lass geschehn, was auch geschieht,
es ist für uns das Wiegenlied,
das uns gesungen alle Zeit,
wir sehn uns in der Ewigkeit.

***

Leben

Groß und klein muss man sein
und im Herzen rein.
Erkennen die eigene Macht
und die Winzigkeit in ihrer Pracht.

Sehn des Lebens Geschenke
und einen Gott, der im Leiden uns lenke.
Zu fühlen den Frieden und das Glück,
zu erfahren, es gibt ein Zurück.

Auch spüren, was Liebe sein kann,
gewinnen an Erfahrung dann und wann.
Erweitern seinen Horizont
und sinnen, was im Innern wohnt.

Schmecken das Salz dieser Welt,
das die Suppe unsres Lebens enthält.
Die Freiheit des Lebens und des Seins
sind für immer deins und auch meins.

-

Dies Geschenk, das uns jemand mitgab,
soll man leben und behüten - bis ins Grab.

***

Mein Herz

Mein trauriges Herz – ich halte dich
und wickle dich gut ein.
Dein Kummer und Schmerz, den sehe ich -
will tröstend bei dir sein.

Dein Leid und Not wirst überstehn,
es wird sich lösen dann,
wenn du bereit bist aufzustehn
und ich dann gehen kann.

Es wird so kommen, wenn du willst.
Den Frieden wirst du sehn.
Dein Herz wird nicht mehr leiden dann.
Zum Leben wirst du stehn.

Ich nehm dich fest in meinen Arm
und wiege dich darin,
so lange, bis du fröhlich bist,
die Trauer geht dahin.

Schlag für das Leben habe Mut,
hilf andren beizustehn.
Du wirst nicht mehr alleine sein,
nun Freude wirst du sehn.

***

Mit Liebe

Mit Liebe verschwinden manch düstre Gedanken.
Mit Liebe kann man die Seele betanken.

Mit Liebe gibt es keine Not.
Mit Liebe existiert kein Tod.

Mit Liebe ist es rosarot.
Mit Liebe gibt es einen Gott.

***

Nagel der Zeit

Der Nagel der Zeit klopft an die Tür –
ich frage ihn „Was willst du schon hier?"

Noch bin ich nicht soweit, ich brauche noch Zeit,
weil sonst das Leben mich nicht richtig freut.

Verschwinde von hier, lass dich nicht mehr sehn –
musst irgendwo anders hin gehen.

Noch bin ich ganz fit, ich mach alles mit,
da kannst du mal sehn –
so kann es im Leben auch gehn.

Zieh weiter und komm erst zur säteren Zeit,
wenn im Innern ich alt bin
und zum Sterben bereit.

***

Nimm mich zu dir

Bin so allein – ich glaub es nicht,
ich schau nun in mein Angesicht.
So kann es doch nicht weitergehn,
so ist das Leben nicht mehr schön.

Möchte fröhlich sein und ausgelassen,
möchte lieben und gar nichts mehr hassen.
Im Vertrauen möchte ich ruhn
und meinem Nächsten Gutes tun.

In Liebe möcht ich mich bewegen,
ein volles, schönes, neues Leben,
in dem ich wieder lernen kann,
zu lachen und zu sehn mich an.

Ich bin so einsam in dem Herzen,
ich leide nur noch große Schmerzen.
Bitte hilf mir oder lass mich gehen,
nimm mich zu dir, dann kann ich bestehn.

Bin ich bei dir, kann der Schmerz entfliehn,
alle Wolken werden sich verziehn.
Es wird hell dann um mein Seelenheil,
wenn ich in deinem Schoß verweil.

***

Not

Meine Familie - die ist sehr zerschlissen.
Es tut mir sehr weh und ich heul in mein Kissen.
Ich träume von Hoffnung von Frieden - auch Not,
doch was ich oft sehe, ist Verzweiflung und Tod.

Ich wünsch mir zu leben mit fröhlichem Mut,
mit wachem Erleben und uns geht es gut.
Wir achten einander und hören uns zu
und finden gemeinsam für uns Frieden und Ruh.

Erleben das Schöne und nun wird es gut.
Begegnen mit Freude, der Lust und der Glut.
Wir finden zusammen, was immer auch war,
das Sein und die Hoffnung, sind immer noch da.

Will nicht mehr verweilen in Trauer und Tod,
will lernen zu leben - auch mit mancher Not.
Stehn wir dann zusammen, die Kraft sich vereint,
find ich meine Ruhe, mein Herz nicht mehr weint.

Gib uns deinen Segen, schenk uns ewige Ruh,
was immer auch sein mag, den Frieden gibst du.
Zeig uns wie das Leben mit Kraft voran geht,
wie unsere Seele in Not gut besteht.

***

Oben

Auf dem Grunde stehe ich
und frag mich nach dem Sinn.
Ich schau weit nach oben,
denn dort will ich hin.

Hier will ich nicht bleiben,
nach oben tut's mich treiben.
Doch kleb ich hier fest,
das gibt mir den Rest.

Ich mach mir Gedanken,
wie stell ich es an,
dass so schnell wie möglich
nach oben ich kann?

Es wird mir schon kommen
eine gute Idee,
damit ich im Wasser
das Land wieder seh.

Ich lasse mich treiben
von den guten Wogen,
die mich bringen nach Haus -
also weit nach oben.

***

Offen reden

Still zu schweigen, das ist schwer,
offen reden noch viel mehr.
Der Mensch trägt Kummer ganz allein,
soll der Nächste nicht betroffen sein.

Hört der Nächste von dem Ding,
ist das Vertrauen erst mal hin.
Der denkt zusammen sich noch mehr,
weshalb der Mensch nicht offen wär.

Der Nächste leidet Höllenqualen,
was sieht der Mensch nur für Gefahren,
wenn dieser kein Vertrauen hat
zum Nächsten der ihn liebt und mag?

Die Phantasie bricht mit ihm durch,
er leidet Angst und hat nun Furcht.
Was ist passiert, muss er vom Menschen denken,
weshalb will er mir kein Vertrauen schenken?

Liebt er mich nicht wie ich ihn liebe?
Verschweigt er mir die große Lüge?
Misstrauen nun der Nächste hat,
er leidet Qualen, fühlt sich matt.

Er möcht den Menschen nicht mehr sehn,
er kann ihn so nicht mehr verstehn.
Es liegt nun Falschheit in der Luft.
Verschwiegenheit ist eine Gruft!

Ein Leichenduft, der zieht nun auf.
Die Liebe verwest, es nimmt seinen Lauf.
Ach hätt er doch gesprochen nur,
der Mensch zum Nächsten – trotz der Spur
von Angst vor Streit und Kummer nur.
-
Auf Vertrauen folgt Verständnis dann,
wenn man nur ehrlich sagen kann
dem Nächsten, was geschehen ist,
dann gibt es keine Hinterlist.

Wage nur die Offenheit,
da gibt's vielleicht `nen kleinen Streit,
doch dann folgt auch Verbundenheit –
und Menschen leben gern zu zweit!

***

Phantasie

Über Alltagsgeschichten, da lässt sich viel dichten,
hört nicht auf, wenn wir unser Nachtlager richten.
Dann geht es erst los mit der Phantasie,
da merkt man das Leben und spürt sein Genie.

Man schwärmt von dem Wasser, das niemals endet,
dem Fluss, der das Schicksal zum Guten nur wendet.
Man hält die Gefühle nicht mehr im Zaum
und will dann erleben seinen ewigen Traum.

Will tauchen in Farbe und Meeresflut,
sieht in einen Spiegel, erkennt seine Glut.
Möchte fliegen, wie eine Wolke im stürmischen Wind,
sich vor Lachen biegen, wie ein kleines Kind.

Spüren Musik und schwingen nach Klängen,
auf den Kopf stehn oder am Ast herum hängen.
Den Mond anheulen, in die Sonne sehn,
durchs Weltall fliegen, mit den Sternen vergehn.

Erkenne die Kraft, den Glanz und den Mut!
Mit Freude ziehn einen großen Hut,
vor der Schöpfung, vor der Welt, vor dem Übermut.
Sich wägen in Freiheit und spüren sein Blut.

***

Sag es

Ich zeige dir mein Gefühl,
zeige dir soviel ich will,
gebe dir was ich kann,
du bist für mich der Mann.

Ein Mann, den ich gerne seh,
tut er mir manchmal auch weh.
Vorsätzlich tut er es nicht,
er ist nur beschäftigt mit sich.

Ich leide und sag es nicht,
doch wäre es meine Pflicht,
damit er verstehen kann,
etwas ändern – von dann zu dann.

Auch ich sei zum Sprechen bereit,
forder mir hierfür die Zeit,
mach es mit ihm mir schön,
denn wir beide können verstehn.

***

Schau

Schau wie ich grüble,
wie ich denke, wie ich schau -

wie ich sitze, wie ich schwitze,
meine Seele ist grau –

wie ich gaffe, wie ich keuche,
mir ist schon ganz flau.

Mir graut vor mir selber,
kann nicht mehr auf mich baun,

kann nur noch rumsitzen
und nur noch blöd schaun.

***

Schau auf

Schau auf die Sonne, sieh in den Mond,
find hinter den Sternen, warum es sich lohnt
im Leben zu bleiben, den Tod fern zu sehn,
nichts Übles zu treiben, den andren verwöhn.

Sieh an wie Geschenke das Leben uns macht,
die Blumen, die Bäume und all diese Pracht.
Wären sie nicht gegeben, dann wär die Welt leer,
wir könnten nicht sehnen den Frühling mehr her.

Sieh an wieviel Freude wird uns geschenkt,
die Tiere, die Menschen, das Schicksal uns lenkt.
Wir können erweitern unseren Horizont
und können auch ahnen, dass Gott in uns wohnt.

Such nicht woanders und bleibe dir nah,
du findest das Glück dann, es ist wunderbar.
Und kannst du es teilen, so es sich vermehrt,
dein Leben wird voller und ist nie mehr leer.

***

Schau auf mich

Hilf mir liebe Frau,
auf die immer ich bau.
Nimm mich in den Arm,
dich meiner erbarm.

Tröste mich, schenk mir Ruh,
wo auch immer drückt der Schuh.
Schließe mich fest in dein Herz,
so verschwindet mein Schmerz.

Nun Ruhe meine Seele gibt,
ich weiß, dass mich so mancher liebt
und nicht nur in der Phantasie,
auch hier auf Erden – schau und sieh.

Erkenne ich mit Wohltat dann,
ich steh nicht mehr im bösen Bann.
Ich atme wieder frei und tief
und auch im Sinn läuft nichts mehr schief.

Ich danke dir du gute Frau,
hast Acht auf mich und ich vertrau.
Vertrau darauf, dass die Welt mich liebt
und immer mir das Beste gibt.

***

Schau in dich

Viel hast du mir gegeben,
vieles konnte ich mit dir erleben,
oft konnt ich zu dir aufsehn
und dennoch lass ich dich gehn.

Gehen zu deinem Ziel,
laufen zu Sport und Spiel,
ziehen in deine Welt,
so wie es dir gefällt.

Habe ich Platz darin?
Bin ich für dich Gewinn?
Siehst du nur Last und Plag?
Erkennst du, dass ich dich mag?

Antworten ich nicht find,
fühle mich wie ein Kind,
hilflos, verloren, allein,
das soll so nicht ewig sein.

Beginne zu reden und sprich,
was bin ich denn wirklich für dich?
Sei ehrlich, geh in dich rein,
sei offen und nicht gemein,
sag die Wahrheit, nur so wird dein Leben dich freun.

Keine Angst vor der Reaktion,
ich krieg das geregelt schon.
Viel besser wird es mir gehn,
kann ich all meine Fragen verstehn.

Ich bleibe dein Freund auch dann,
wenn unser Leben gemeinsam nicht kann.
Keine Angst vor der Wahrheit, denn dann
wirst du sehen was Freundschaft sein kann.

Deine Liebe du dann erkennst,
vor dem Leben du nicht mehr weg rennst,
dich stellst deiner Seele, deiner Welt,
du wirst sehen, dass den Sinn du erhältst.

Wenn deine Seele nicht weiter weint,
bist du mit dieser Welt hier vereint,
gehörtst zu ihr, als ihr neuer Freund.

***

Schwermut

Schwer ist mir – ich hab verloren
meines Herzens Glück.
Ich wünsche mir, es wäre früher –
möchte gern zurück.

Oh helft mir, gute Geister ihr,
hebt mein Gemüt zur Höh,
weil ich auf dieser Erde hier
verzweifle und vergeh.

Ich spüre meine Sonne nicht,
in Kälte ich nun steh.
Auch sehe ich nicht meine Pflicht,
warum ich hier noch geh.

Du große Welt, verschlinge mich,
ich möchte in dir ruhn.
Versteckst du und behütest mich,
kann keiner mir was tun.

***

Sei ehrlich

Du weißt nicht wie ich leide, du lebst nur so dahin,
du liebst deine Arbeit und das ist dein Sinn.
Es wär auch in Ordnung, wenn ich sicher wär,
dass du mich auch liebst und nichts zwischen uns wär.

Du tust so als wär nichts - als wär alles klar,
du bist immer freundlich und so wunderbar.
Doch ob du mich liebst, das sagst du mir nicht,
du sprichst nicht offen in mein Gesicht.

Was willst du erreichen, was willst du tun?
Kannst du mir sagen, wo stehen wir nun?
Wirst du es mir sagen ins Angesicht,
egal was es ist – verdien ich es nicht?

Es gibt eine Lösung doch allemal,
was andere sagen ist doch egal.
Auf dich kommt es an, ich bitte dich,
sei ehrlich und mutig und belüg mich nicht.

***

Steh auf

Du bist mein Kind, ich kann verstehn
willst immer nach den Träumen gehn.
Du lebst hinein in den schönen Tag,
hängst nach den Gedanken – was immer dich plagt.

Steh auf und nimm dein Leben in die Hand,
sonst die Gesellschaft aus dem Kreis dich verbannt.
Es ist leider so und ich kann da nichts tun,
musst selbst für dich sorgen, nur dann kann ich ruhn.

Versteh meine Angst um dich –
mach's mir nicht schwer,
ich liebe dich immer, doch für dich will ich mehr.
Du sollst dich freun und glücklich sein,
mit vielen Freunden und nicht nur allein.

Das Leben braucht Freundschaft und Liebe und Mut,
wirst du dies dir erkämpfen, dann lebst du erst gut.
Du brauchst die Menschen – es wird ohne nicht gehn,
wenn du nur allein bist, kannst du niemals bestehn.

***

Stolz bin ich

Stolz bin ich, was soll ich sagen,
plagen mich auch manche Fragen.
Ist das Leben manchmal schwer,
ich liebe euch – kommt zu mir her.

In großer Not ihr Trost mir gebt
und stets nach meinem Wohl ihr strebt.
Ihr helft mir und vertragt euch dann,
wenn ich nicht für mich selber kann.

Ich danke Gott, dass ich euch hab.
Ich danke ihm für jeden Tag
den er uns schenkt in diesem Leben.
Ich darf euch noch viel Freude geben.

Geht's euch nicht gut, dann kommt nur her,
ich schenk euch Liebe – mehr und mehr.
Ich werd euch trösten wo ich kann,
ihr seid für mich mein Sohn, mein Mann.

Es ist so schön bei euch zu sein,
mit euch zu sehn den Sonnenschein.
Es gibt auch Dunkel – sicherlich,
doch lieb ich euch – das meine ich.

***

Streit

Streite ich ganz unumwunden,
ist mein Blick mir nicht mehr klar,
kann ich nicht mehr ungebunden
sein in meinem Selbstgewahr.

Ein andres Wesen scheint mir hier
die Fäden dann zu ziehn,
drum am liebsten würde ich
daraus gern entfliehn.

Ich winde mich verzweifelt raus,
weiß gar nicht mehr warum
der Streit fing an und Streit ging mir
in meinem Hirn herum.

Lass mich oh Ärger - großer Graus.
Ich will dich nicht mehr sehn.
Bist unnütz nur – ich schalt dich aus,
will nun in Frieden ziehn.

***

Streiten

Streiten könnt ihr immer fort,
doch fragt euch nach dem Sinn.
Bringt es euch Ärger nur
oder auch Gewinn?

Streiten kann gesund gar sein,
führt es euch tief ins Leben rein.
Erfahrung könnt ihr daraus ziehn,
hat er einen wahren Sinn.

Streit wird zum Verderben führen,
geht's um Geiz und Neid.
Kann man nicht alleine Leben,
hat an nichts mehr Freud.

Streit vermeiden unentwegt,
bringt auch viel Verdruss,
weil man auch im schönsten Leben
streiten können muss.

***

Stütze mich

Es tut mir nicht gut alleine zu sein.
Es tut mir nicht gut im Leben zu schrein.
Ich möchte mich freuen auf dieser Welt,
möcht nichts bereuen, was mir auch missfällt.

Gib mir eine Stütze und mache mich froh,
hilf mir auf die Sprünge, ich brauche das so.
Schenk mir ein Lachen, um glücklich zu sein.
Bring mir viel Freude ins Leben hinein.

Ich setz meine Hoffnung auf dieses Ziel,
dass ich, was ich lebe, auch innen sein will.
Ich möchte erfüllt sein im Leben so sehr,
das möchte ich spüren, sonst kann ich nicht mehr.

Schenk mir ein Lächeln, gib mir ein Ziel,
das Leben, ich lieb es – es bedeutet mir viel.
Lass mich nicht los, reich mir deine Hand,
was immer geschieht, es bleibt intressant.

Spar nicht mit Gefühlen und wenn es auch schmerzt.
Zeig mir was ist Schönheit mitten im Herbst.
Das Dasein hat Reize, ich muss es nur sehn,
um in Frieden und Freiheit zur Bestimmung zu gehn.

***

Trost

Dinge die kommen, vergehen und sind,
die Zeit wird sie verwehen,
so schwer du sie auch nimmst.

Es wird wieder besser,
es geht wieder auf,
so wie die Gewässer,
es nimmt seinen Lauf.

Tu nur nicht verzweifeln,
und sei wieder stark,
es geht noch ein Weilchen,
es ist nicht so arg.

Hab Mut im Leben,
sei tapfer im Sein,
es wird dir gegeben,
du kannst dich drauf freun.

***

Vergessen

Ich schwebe dahin, in einem dunklen Raum.
Ich seh wenig Hoffnung, ich glaube es kaum.
Ich möcht aus mir raus und Zuversicht sehn,
möchte leben in Freude und alles verstehn.

Leider kann ich nichts tun, hab es nicht in der Hand,
wenn ich darüber trauer, ist das keine Schand.
Doch die Zeit wird vergehn
und heilen meinen Schmerz,
der tief sitzt im Innern und bohrt mir ins Herz.

Ich muss lernen zu vergessen, auf was andres zu sehn.
Nicht zu sein so versessen, denn dann wird es schön.
Neue Herzen zu entdecken, neue Wege zu gehen,
die Welt mit Vertrauen und Hoffnung zu sehn.

Schließ den Kreis um mich rum und bete um Mut,
ich suche nach Hoffnung – vielleicht wird alles gut?

***

Verschlossen

Lass dir Zeit, geh noch nicht fort -
der Kummer wird vergehn.
Du siehst jetzt die Enttäuschung nur,
die ist nun mal geschehn.

Ich weiß, du hättest nicht gedacht,
dass er so feige ist.
Du hast mit ihm viel Zeit verbracht
und hast ihn oft vermisst.

Er ist noch Kind und ist sehr schwach,
wenn's um ihn selber geht.
Er ist verschlossen und sagt nichts,
weil er zu sich nicht steht.

Verzeihe ihm und gib ihm Kraft,
dass er erwachen kann.
So eines Tages wird aus ihm
ein starker, großer Mann.

***

Verschwiegen

Kannst du nicht mit mir reden?
Kannst du nicht ehrlich sein?
Ich möchte mit dir leben,
doch du lässt mich allein.

Allein mit meinem Glauben,
weiß nicht, was mit dir ist.
Willst du mich nur berauben
und dann du mich vergisst?

Verborgen ist die Wahrheit,
so kommen wir nicht weit,
denn will ich etwas wissen,
so endet das im Streit.

Ich sage nichts und schweige,
ich sieche vor mich hin.
Warum bist du nur so feige?
Weshalb hältst du mich so hin?

Gibt es noch eine Hoffnung,
dass du etwas sagen wirst?
Ich möchte es gern glauben,
dass du nichts vor mir verbirgst.

***

Vertrauen

Liebe die Sonne,
liebe den Mond,
weil sich das Leben
allemal lohnt.

Sei nicht verzweifelt,
stets sehr bedacht –
vor schlechten Gedanken
nimm dich in Acht.

Sieh alles Gute
und hab wieder Mut.
Du wirst es schon sehen,
es tut dir nur gut.

Vertrau auf das Leben,
das Sein und den Sinn.
Schau viel nach innen,
das ist dein Gewinn.

Nur munter geh weiter
auf deinen Weg.
Sei fröhlich und heiter,
wann immer es geht.

***

Viel Platz

Für dich ist viel Platz bei mir –
du hast stets ´ne offne Tür.

Selbst wenn es mal Ärger gibt,
der Schlüssel vor der Haustür liegt.

Vergiss nicht zurückzukehrn,
ich habe dich furchtbar gern.

***

Wach auf

Die Sonne scheint in mein Gesicht.
„Werd wach, es ist jetzt Tag."
Schreibe heute ein Gedicht,
weil ich es gerne mag.

Gedichte sind zum Sinnen da,
sie bringen auch viel Freud.
Sie zeigen oft den neuen Weg,
verbannen unser Leid.

Steh auf und sinne jetzt für dich,
was du am liebsten magst.
Sei froh und frei und freue dich
auf deinen neuen Tag.

***

Warum nicht

Warum lässt du mich nicht spüren?
Weshalb darf ich dich nicht berühren,
mit Zärtlichkeiten dich erfreun,
dich streicheln und nichts bereun?

Weshalb willst du nicht öffnen dich?
Mir sagen nicht ins Angesicht,
warum immer du mich ablehnst?
„Kein Zeit", „zu spät", „nicht angenehmst"!

Was ist's, was uns dazwischen steht?
Ich habe dich oft angefleht,
zu sagen, was nur uns angeht.
Doch schweigst du nur, nichts weitergeht.

Sieh, dieser Zustand ist gefährlich,
das sehe ich und meins ganz ehrlich.
So mein Verlangen bleibt bestehen,
wird's durch den Mangel untergehen.

Nach andren Frauen du dich sehnst
und deshalb du mich nicht verwöhnst.
Nur Freundschaft willst du geben mir,
die Liebe, die behältst du dir.

Sei endlich ehrlich, sag es mir,
es liegt mir fern der Zwang an dir.
Wenn du mich nicht vermagst zu lieben,
soll mich doch jemand andres kriegen.

Ich bin ein Mensch und wünsch mir Liebe,
auch wenn ich bereits Freundschaft kriege.
Mein Körper der verlangt von mir,
dass ich ihm gebe, dass er spür.

Berührung fühlen und auch geben,
das gibt mir Energie zum Leben.
Es nimmt die Schwermut vom Gemüt
und auch die innre Freude blüht.

Red dich nicht raus mit Arbeit, Fleiß,
das hab ich auch und dazu Schweiß.
Doch lieb ich dich und möcht ich dann
ganz nah dir sein, drumm nimm mich an.

Kannst du das nicht, dann sag es mir,
so meine Freundschaft lass ich dir.
Doch meine Liebe wird immer sehnen,
einen Menschen zu verwöhnen.

Mit Haaren, Haut und Leib und Leben
will ich mich meiner Liebe geben.
Verwöhnen und viel streicheln dann
und der das liebt, das ist mein Mann.

***

Was glaubst du?

Liebe deinen Nächsten so wie dich selbst,
ist das der Spruch, den du hoch hältst?
Ist es nicht so auf dieser Welt,
dass derselbe sich selbst am höchsten hält?

Glaubst du an irgendein Ideal?
Ist dir das andere ganz egal?
Weißt du denn nicht, ob du dann vergisst,
den Menschen, der sonst auch hier noch ist?

Glaubst du an Ziele des großen Vereins?
Gibt es nur dieses, sonst aber keins?
Schau doch mal nach, da muss noch was sein.
Ziele für dich, die dich erfreun?

Glaubst du ans Leben und an dein Sein?
Bist du mal freundlich und auch gemein?
Bist du `ne Hülle oder ein Plakat
oder bist du der Mensch, der sich selber mag?

***

Was heißt es?

Im Leben stehn heißt weitergehn.
Nicht zu warten im Labyrinthen-Garten.

Zuhaus zu sein heißt anzukommen,
von andren Herzen angenommen.

Sich wohl zu fühlen heißt zu entspannen,
sich Zeit zu schenken und auszuruhn.

Mut zu haben heißt gut zu handeln
und auch mal etwas andres tun.

Liebe schenken heißt daran glauben,
dass schenken mehr bringt als zu rauben.

Hilfe geben heißt dafür leben,
um andre sich sorgen, dass sie sind geborgen.

Not zu lindern heißt aufzustehn,
dem anderen helfen – nach Hilfe zu sehn.

Hoffnung heißt nicht aufzugeben,
dass es etwas nützt, wonach zu streben.

Sinn zu finden heißt zu erkennen,
in sich zu ruhn und frei zu sein.

Leben heißt nicht wegzurennen,
stehn zu bleiben zum Stell-dich-ein.

***

Was ist?

Ich kann nichts tun, steh hier und scheiter,
kann nicht mehr vorwärts, nicht mehr weiter.
Mir all die Heiterkeit vergeht,
wenn alles sich im Kopf verdreht.

Die Gedanken sind wirr und nichts ist mehr klar.
Wer waren wir früher, was ist jetzt noch da?
Was ist geblieben, kannst du es nicht sehn?
Mir geht's nun verloren, ich kann's nicht verstehn.

Ich liebe dich, das ist mir wirklich klar.
Und du – was ist übrig, ist es noch wahr?
Du sagst nichts und lässt mich im Leeren stehn,
bist nett zu mir, doch kommst nicht – lässt mich gehn.

Es ist leer und es trübt ein Gedanke mich dann,
dass so unser Leben nicht weitergehn kann.
Ich würde mir wünschen, du könntest verstehn,
du würdest mich lieben oder fort von mir gehn.

***

Was tun?

Die Sinne die fragen, was soll ich denn tun?
Muss ich überwachen das Geschehen rundrum?
Die Stimmen die sagen – kümmer dich drum,
doch ich muss mich fragen wieso und warum?

Was geht es mich an, was andere tun?
Wenn's mich nicht berührt, was soll denn das nun?
Kann ich nicht einfach vorüber gehn?
So einfach in andere Ecken sehn?

Betrifft es mich wirklich oder wirklich nicht?
Kann ich dabei sehn in mein Angesicht?
Kann ich begreifen, was hier geschieht?
kann ich es verstehn, dass man drübersieht?

Fühle ich mich schlecht, wenn ich dort hinschau?
Geht es mir dann übel und werde ich grau?
Muss ich da nicht handeln, was sagt mein Gebot?
Oder wird sie dann größer, die leidende Not?

Es ist ein Dilemma, zu sehen dies an
und dann zu verstehn, dass man's selber sein kann.
Sind wir zu schwach und stehen nicht auf,
um zu geben den Dingen den richtigen Lauf?

***

Was wird?

Meine Hände die schwitzen,
ich denke im Sitzen
an all diese Zeit,
die für uns stand bereit.

Was ist draus geworden?
Was haben wir gedacht?
Wie konnten wir ermorden
unser Glück, unsere Acht?

Ist noch etwas übrig,
das für uns sich lohnt
oder besser unsre Nerven
bleiben verschont?

Sollten wir nicht finden
einen neuen Weg,
können wir nicht bestehn –
unsre Freundschaft wird vergehn.

Ich bin schon ganz zapplig,
mir ist schon ganz schlecht.
Ich geh jetzt zu dir,
will verhalten mich echt.

Wir werden schon sehn,
was dann daraus wird.
Werden wir es bestehn
oder wird es vergehn?

***

Weinen

Ich weine um mich.

Ich weine um dich.

Ich weine um die Welt.

Ich weine auch ums Geld.

Ich weine um das große Glück.

Ich weine, es gibt kein zurück.

Ich weine um die alten Tage.

Ich weine, das ist keine Frage.

Ich weine, weil's erleichternd ist.

Ich weine, sonst die Seele frist.

***

Wenn ich ein Vöglein wär

Wenn ich ein Vöglein wär,
flög ich dann auch hier her?

Würde ich gern hier sein
und mich des Lebens freun?

Würde ich weiter ziehn –
wäre das ein Gewinn?

Würde ich wo verweilen
oder von Ort zu Ort nur eilen?

Würde ich hasten
und schleppen viel Lasten?

Würde ich weilen
und immer gern rasten?

Lebte ich draußen
oder in einem Kasten?

Wäre ich fähig im Leben zu stehn
oder würd ich im Käfig nur jammern und flehn?

Oder würde ich pfeifen,
mein Leben begreifen?

Für mich viel gewinnen
oder nach dem Tode mich sinnen?
-
Doch da ich ein Mensch nur bin –
macht spekulieren Sinn?

***

Wiso?

Ich sitze hier und horch hinein –
wie ist es so, wie kann es sein?

Manchmal bin ich froh und munter,
dann wieder hängt meine Seele runter.

Mein Herz ist dann schwer und ich find nicht heraus.
Warum muss das sein - dieser Jammer, dieser Graus.

An Tagen mit Lachen und Sonnenschein,
da möcht ich die ganze Welt erfreun.

***

Zu spät?

Ich lerne fürs Leben,
ich lerne von dir.
Was kann ich denn geben
für all dieses dir?

Ich möchte dir zeigen,
viel Liebe ich hab.
Die reicht für uns beide,
bis runter ins Grab.

Ich möcht dich begleiten
auf deinem Weg.
Dich in Liebe leiten,
ob das wohl geht?

Hab ich zuviel Auftrieb,
mut ich zuviel zu?
Lebst lieber alleine,
lass ich dich in ruh.

Ich möcht es nur wissen,
wie es um uns steht.
Ich wein in mein Kissen,
ist es schon zu spät?

***

Zum Geburtstag

Wieder ist ein Jahr verronnen,
wieder fängt ein neues an.
Wieder hab ich mich besonnen,
was ich dir wohl schenken kann.

Liebe, Hoffnung und viel Glück,
Zuversicht, ein großes Stück.
Friede, Freiheit und Erleben,
alles was ist zu erstreben.

Mut und Stärke, Tapferkeit,
Harmonie und keinen Streit.
Langes Leben, Freude, Reichtum.
Viele Freunde, die dir gleich tun.

Gute Ideen, ein sicheres Ziel,
alles was ich für dich will.
Und zu guter Letzt zu mir,
meine Freundschaft schenk ich dir.

***

Zuversicht

Offen sein, nach vorn sich traun,
mit Freude in die Zukunft schaun.

Sich verdrießen, nicht genießen,
macht dich hin, bringt keinen Sinn.

Stets mit Lust und Heiterkeit,
statt mit Frust und Herzensleid.

Suche nur das Seelenheil
für dich, für andere und verweil!

***